Mariana C.

DANSUL TĂCERII

Limbajul subtil al mișcărilor corpului

2024

De la acelaș autor:

1. ,,Armonia in cuplu''
- explorează diverse aspecte ale relațiilor umane, de la comunicare și empatie, la rezolvarea conflictelor și construirea unei relații de cuplu sănătoase și echilibrate.

2. ,,Vindecarea rănilor emoționale în relații''
- este o carte profundă,care explorează complexitatea relațiilor interpersonale și impactul pe care trecutul emoțional îl poate avea asupra lor.

3. "Cum sa iti gasesti sufletul pereche"
- se adreseaza celor care își doresc sa gaseasca dragostea adevarata si sa-si gaseasca sufletul pereche.

4."Reconstruirea unei relații deteriorate"
- este un ghid util și practic pentru persoanele care se confruntă cu dificultăți în relațiile lor.

5."Depășirea limitărilor mentale"- este o resursă valoroasă pentru oricine își dorește să-și depășească propriile limitări mentale și să trăiască o viață plină de succes și împlinire.

6. ,,Zâmbetul din oglindă" - este un ghid util pentru oricine dorește să-și îmbunătățească stima de sine și să-și atingă potențialul maxim.

7. "Rescrie-ți povestea" este o carte care abordează tema depășirii traumelor din copilărie și construirii unui viitor mai luminos.

8. "Umbrele trecutului" -este o carte care explorează teme precum iubirea, pierderea și curajul de a merge mai departe.

9 ,,Poveștile din copilărie" - este o carte care explorează principiile psihologiei pozitive și modul în care putem fi fericiți și mulțumiți fără să avem nevoie de motive externe pentru aceasta.

10."Povești nespuse" este o carte, care explorează diferite aspecte ale relațiilor umane și oferă o perspectivă subiectivă asupra problemelor și provocărilor cu care se confruntă oamenii în relațiile lor interpersonale.

"Dansul tăcerii" este o carte fascinantă scrisă de Mariana C., în care autoarea explorează puterea comunicării nonverbale prin intermediul gesturilor și mișcărilor corpului.

Cartea oferă o analiză detaliată a modului în care putem interpreta și folosi corect limbajul corpului pentru a ne exprima emoțiile, a comunica eficient sau a citi semnalele pe care le transmit ceilalți. Mariana C. scrie despre importanța gesturilor, pozițiilor corpului și tonului vocii în comunicarea cotidiană, explicând modul în care acestea pot dezvălui intențiile noastre sau pot fi interpretate greșit.

Pe parcursul cărții, cititorul va descoperi cum să-și îmbunătățească abilitățile de comunicare nonverbală, cum să-și îmbunătățească relațiile interpersonale și cum să-și crească încrederea în sine. Mariana C. oferă exemple concrete și sfaturi practice pentru a ajuta cititorii să devină conștienți de mesajele pe care le transmit sau le primesc prin intermediul mișcărilor corpului.

"Dansul tăcerii" este o carte indispensabilă pentru oricine vrea să-și îmbunătățească abilitățile de comunicare și să înțeleagă mai bine relațiile interpersonale. Prin intermediul acestei cărți, cititorii vor descoperi că limbajul nonverbal poate fi la fel de important ca și cuvintele în procesul de comunicare și că acesta poate dezvălui multe aspecte despre gândurile și sentimentele noastre.

"Limbajul corpului este limbajul subconstientului nostru, care nu minte niciodată și nu poate fi controlat." - Paulo Coelho

Capitolul 1: Introducere în limbajul subtil al mișcărilor corpului.

- Definirea conceptului de dans al tăcerii al limbajului corpului în comunicarea cu ceilalți din jur.
- Importanța comunicării nonverbale în relații și interacțiuni.
- Cum sunt percepute și interpretate mișcările corpului de către ceilalți.

Capitolul 2: Elementele de bază ale limbajului subtil al mișcărilor corpului.

- Postura corpului și semnificația ei.
- Expresia facială și gesturile.
- Mișcările ochilor și a mâinilor.
- Interpretarea distanței și a contactului fizic în comunicarea nonverbală.

Capitolul 3: Comunicarea nonverbală în diferite contexte sociale.

- Cum comunicăm cu ajutorul mișcărilor corpului în contexte formale și informale.
- Cum ne putem regla comportamentul nonverbal în funcție de mediul social și cultural.
- Importanța adaptării limbajului subtil al mișcărilor corpului în diferite situații.

Capitolul 4:

- Detectarea și interpretarea semnalelor subtile ale mișcărilor corpului.
- Cum putem să observăm și să interpretăm corect mișcările corpului altor persoane.
- Semnele de disconfort sau inconfort în limbajul subtil al mișcărilor corpului.
- Cum putem să ne antrenăm capacitatea de a citi și de a răspunde la semnalele nonverbale.

Capitolul 5:

- Exerciții practice pentru dezvoltarea capacității de comunicare nonverbală.
- Tehnici de îmbunătățire a expresivității și a clarității mișcărilor corpului.

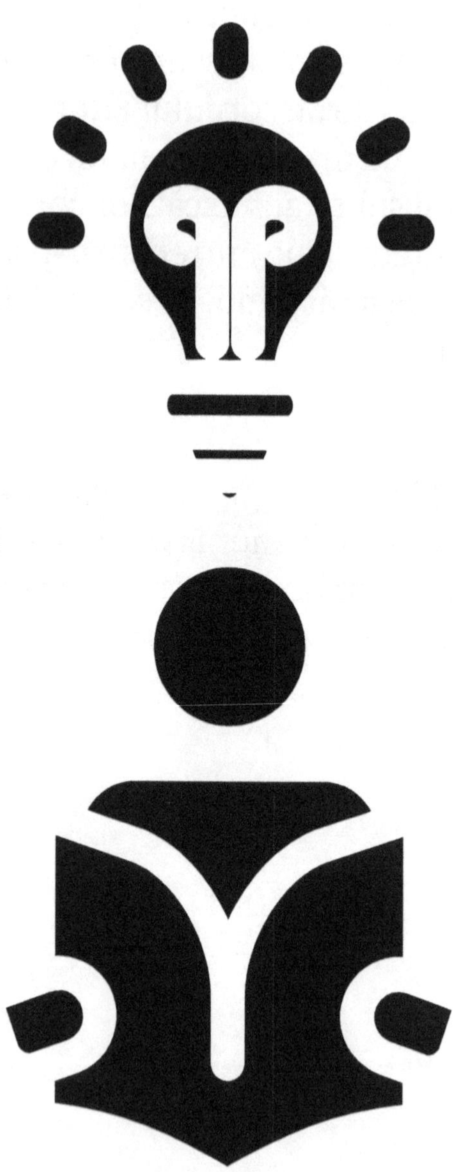

Capitolul 1

- *Introducere în limbajul subtil al mișcărilor corpului.*
- *Definirea conceptului de dans al tăcerii al limbajului corpului in comunicarea cu ceilalți din jur.*
- *Importanța comunicării nonverbale în relații și interacțiuni.*
- *Cum sunt percepute și interpretate mișcările corpului de către ceilalți.*

Mișcările corpului pot spune multe despre noi fără să folosim cuvinte. Gesturile noastre, postura noastră, modul în care ne mișcăm poate comunica multe informații celor din jur. Este ceea ce numim limbajul subtil al mișcărilor corpului.

Un zâmbet cald, o strângere de mână fermă, o încruntare sau o îmbrățișare pot spune multe despre starea noastră emoțională, despre ce simțim în acel moment. Uneori, corpul nostru dezvăluie mai multe decât am dori, dezvăluind gânduri sau trăiri pe care nu le-am fi vrut neapărat să le împărtășim.

Este important să fim conștienți de limbajul subtil al mișcărilor corpului pentru a ne putea exprima mai bine, pentru a ne putea înțelege mai bine pe noi înșine și pe cei din jur.

De multe ori, cuvintele nu sunt de ajuns pentru a transmite exact ceea ce simțim sau gândim, iar mișcările corpului pot completa sau chiar înlocui aceste lacune.

Postura noastră poate spune multe despre nivelul nostru de încredere în sine. O persoană care stă dreaptă, cu umerii susși, pare a fi mai încrezătoare în forțele sale decât una care stă plecată, cu umerii căzuți. De asemenea, mersul nostru poate reflecta starea noastră de spirit - dacă mergem cu pași grăbiți și hotărâți sau dacă mergem încet și ezitând.

Nu doar postura și mersul sunt importante, ci și gesturile pe care le facem. O simplă mișcare a mâinii sau o privire aruncată pot spune multe despre ceea ce simțim sau gândim. Uneori, gesturile noastre pot să transmită mai mult decât cuvintele noastre, putând să influențeze modul în care suntem percepuți de cei din jur.

 - De exemplu, ochii pot fi considerați „fereastra sufletului". Atunci când ne uităm cu atenție la cineva în ochi, putem vedea multe din emoțiile și gândurile sale. O privire plină de bucurie sau de tristețe poate spune multe despre starea noastră emoțională.

De asemenea, felul în care ne mișcăm ochii - dacă privim în direcția interlocutorului sau dacă privim în altă parte - poate dezvălui multe despre ce anume ne interesează sau ne preocupă în acel moment.

Dar nu doar ochii sunt importanți - și gesturile pe care le facem cu mâinile sau cu restul corpului pot spune multe despre noi. Un gest de mângâiere, un gest de agresivitate sau de apărare pot transmite exact ceea ce simțim în acel moment. De asemenea, modul în care ne așezăm pe scaun sau cum ne mișcăm picioarele pot dezvălui multe despre starea noastră emoțională sau mentală. Limbajul subtil al mișcărilor corpului este important nu doar în relațiile cu cei din jur, ci și în relația cu noi înșine. Uneori, putem să ne observăm mișcările și gesturile pe care le facem pentru a ne înțelege mai bine emoțiile și gândurile.

- De exemplu, dacă ne dăm seama că ne strângem pumnii sau ne mușcăm buzele într-o anumită situație, putem să înțelegem că acele gesturi arată că suntem nervoși sau tensionați în acea situație.

Este important să fim conștienți de limbajul subtil al mișcărilor corpului pentru a ne putea exprima mai clar și pentru a putea comunica mai eficient cu cei din jur. Uneori, o simplă schimbare în postură sau în gesturile pe care le facem poate schimba radical modul în care suntem percepuți de cei din jur. De asemenea, înțelegând semnificația mișcărilor corpului, putem să ne îmbunătățim relațiile cu cei din jur și să ne îmbunătățim înțelegerea de sine. Limbajul subtil al mișcărilor corpului este un aspect important al comunicării noastre non-verbale. Gesturile, postura, mișcările ochilor sau ale mâinilor pot spune multe despre noi și despre ce trăim într-un anumit moment. Este important să fim conștienți de acest limbaj subtil pentru a ne putea exprima mai bine și pentru a putea înțelege mai bine pe cei din jur. Prin observarea și înțelegerea acestui limbaj, putem să ne îmbunătățim relațiile cu ceilalți și să ne înțelegem mai bine emoțiile și gândurile.

Limbajul corpului este un aspect foarte important al comunicării noastre zilnice. El ne ajută să transmitem emoții și mesaje fără a folosi cuvinte.

De multe ori, limbajul corpului este mai elocvent decât cuvintele pe care le folosim. Comunicarea nonverbală, care include limbajul corpului, este esențială pentru a ne putea înțelege și conecta cu ceilalți. Gesturile pe care le facem, expresiile faciale, postura noastră, mimica și contactul vizual sunt toate elemente importante ale limbajului corpului. Un aspect important al limbajului corpului este expresivitatea feței. Expressiile faciale pot spune multe despre starea noastră de spirit și emoțiile pe care le trăim în acel moment.

- De exemplu, zâmbetul este un semn al fericirii și bunăstării, în timp ce fruntea încruntată arată că suntem supărați sau nemulțumiți.

O altă componentă esențială a limbajului corpului este gesturile. Gesturile pe care le facem pot spune multe despre personalitatea noastră și despre modul în care ne simțim într-o anumită situație.

- De exemplu, încrucișarea brațelor poate indica defensivitate sau rezistență, în timp ce deschiderea brațelor poate sugera o atitudine deschisă și prietenoasă.

Postura noastră corporală este, de asemenea, un aspect crucial al limbajului corpului. Cum stăm sau cum ne mișcăm pot transmite multe informații despre nivelul nostru de încredere în sine, confortul sau disconfortul nostru într-o anumită situație. O postură dreaptă și sigură poate transmite încredere și autoritate, în timp ce o postură încovoiată poate indica insecuritate sau timorare. Mimica facială este o altă componentă importantă a limbajului corpului. Modul în care ne mișcăm mușchii feței noastre poate transmite multe informații despre emoțiile noastre și despre intențiile noastre.

 - De exemplu, ridicarea sprâncenelor poate indica surprindere sau interes, în timp ce clipitul nervos poate arăta anxietate sau stres.

Contactul vizual este, de asemenea, o parte esențială a limbajului corpului. Privirea noastră poate transmite multe informații despre modul în care ne simțim față de interlocutorul nostru. Privirea constantă în ochii celui cu care comunicăm poate indica sinceritate și interes, în timp ce evitarea contactului vizual poate transmite nervozitate sau disconfort.

Limbajul corpului poate avea diferite semnificații în funcție de contextul în care este folosit.

 - De exemplu, un gest făcut într-un context informal poate fi perceput diferit față de același gest făcut într-un context formal. Este important să fim conștienți de semnificația gesturilor noastre și să ne adaptăm limbajul corpului în funcție de situație.

De asemenea, este important să fim receptivi la limbajul corpului celor din jur. Observând gesturile, expresiile faciale și postura lor corporală, putem înțelege mai bine emoțiile și intențiile lor. Comunicarea nonverbală ne ajută să ne conectăm mai profund cu ceilalți și să construim relații mai autentice și mai sincere.

Învățarea să folosim limbajul corpului în mod conștient ne poate ajuta să fim mai eficienți în comunicarea noastră cu cei din jur. Putem transmite mesaje clare, să ne exprimăm emoțiile și intențiile noastre într-un mod autentic și să ne conectăm mai bine cu ceilalți.Prin practică și conștientizare, putem deveni mai pricepuți în folosirea limbajului corpului și putem comunica mai eficient și mai empatic cu cei din jur.

Este important să acordăm atenție nu doar cuvintelor pe care le folosim, ci și modului în care ne exprimăm nonverbal, deoarece limbajul corpului poate spune multe despre noi și poate influența în mod semnificativ modul în care suntem percepuți de ceilalți. Limbajul corpului este un aspect esențial al comunicării noastre zilnice. El ne ajută să transmitem emoții și mesaje fără a folosi cuvinte și ne permite să ne conectăm mai profund cu cei din jur. Prin conștientizarea și folosirea adecvată a limbajului corpului, putem îmbunătăți calitatea relațiilor noastre și ne putem exprima mai autentic și mai eficient.

Comunicarea nonverbală este un aspect extrem de important în relațiile și interacțiunile noastre zilnice. Chiar dacă suntem obișnuiți să ne concentrăm în principal pe ceea ce spunem cuvintele noastre, mesajele nonverbale pe care le transmitem contribuie semnificativ la modul în care suntem percepuți de ceilalți și la calitatea relațiilor noastre.

Comunicarea nonverbală include gesturi, expresii faciale, postură, contact vizual, tonalitatea vocii, mișcările corpului și multe altele.

Aceste aspecte sunt extrem de importante în comunicarea noastră de zi cu zi, deoarece ele transmit informații subtile și adesea cu mai multă acuratețe și sinceritate decât cuvintele în sine.

Un aspect esențial al comunicării nonverbale este expresia facială. Expresiile noastre faciale pot transmite emoții puternice și informații despre starea noastră emoțională în mod instantaneu.

 - De exemplu, o privire îngrijorată sau un zâmbet cald pot spune multe despre cum ne simțim într-un anumit moment. De asemenea, contactul vizual joacă un rol crucial în comunicare, deoarece privirea noastră poate indica interes, atenție sau sinceritate.

Gesturile și mișcările corpului sunt, de asemenea, importante în comunicarea nonverbală. Acestea pot adăuga sau completa informațiile transmise de cuvinte și pot ajuta la stabilirea unei conexiuni mai puternice cu interlocutorul. Un gest de aprobare, o îmbrățișare sau o strângere de mână pot transmite sprijin, afecțiune și încredere. Postura noastră este un alt aspect crucial al comunicării nonverbale.

O postură deschisă, relaxată și încrezătoare poate indica încredere în sine și disponibilitate pentru interacțiune, în timp ce o postură închisă sau rigidă poate transmite lipsă de interes sau de apărare.

Tonalitatea vocii este, de asemenea, un indicator important al emoțiilor și intențiilor noastre. Schimbările subtile în tonalitate și intonație pot oferi indicii despre modul în care ne simțim și pot influența modul în care suntem percepuți de ceilalți.

Toate aceste aspecte ale comunicării nonverbale lucrează împreună pentru a completa mesajul nostru și pentru a influența modul în care suntem percepuți în relațiile noastre interpersonale.

 – De exemplu, într-o conversație, gesturile noastre pot confirma sau infirma cuvintele pe care le spunem, iar expresiile faciale pot adăuga profunzime conversației noastre.

De asemenea, comunicarea nonverbală poate ajuta la întărirea conexiunilor emoționale și la construirea încrederii reciproce în relațiile noastre.

Comunicarea nonverbală este deosebit de importantă în relațiile romantice, deoarece gesturile mici, expresiile faciale și tonalitatea vocii pot transmite iubire, afecțiune și atașament într-un mod profund și semnificativ.

 – De exemplu, un simplu gest de a atinge mâna partenerului sau o privire plină de iubire pot spune mult mai mult decât cuvintele.

În relațiile de muncă, comunicarea nonverbală joacă un rol crucial în stabilirea unei comunicări eficiente și în construirea relațiilor profesionale. Un contact vizual puternic și o postură încrezătoare pot transmite autoritate și încredere în sine, în timp ce un zâmbet cald și gesturi de sprijin pot crea un mediu de lucru pozitiv și productiv.

Comunicarea nonverbală este un element esențial al relațiilor și interacțiunilor noastre zilnice. Gesturile noastre, expresiile faciale, postura, tonalitatea vocii și mișcările corpului adaugă profunzime și înțelegere comunicării noastre și pot influența în mod semnificativ modul în care suntem percepuți de ceilalți.

Prin conștientizarea și îmbunătățirea abilităților noastre de comunicare nonverbală, putem construi relații mai sănătoase, mai empatici și mai autentice.

Mișcările corpului sunt o formă de comunicare non-verbală extrem de importantă în interacțiunile noastre zilnice. Deși deseori nu acordăm suficientă atenție acestui aspect al comunicării, este surprinzător cât de mult pot spune gesturile noastre despre emoțiile noastre, starea noastră de spirit și intențiile noastre.

Fie că suntem conștienți de acest lucru sau nu, ceilalți oameni ne observă și interpretează gesturile noastre, iar aceste interpretări pot influența modul în care suntem percepuți și tratați în diverse situații sociale. De aceea, este important să fim atenți la mișcările noastre corporale și să ne asigurăm că ele transmit mesajele pe care ne dorim să le transmită.

Un aspect important al mișcărilor corpului este limbajul trupului, care presupune interpretarea semnificației gesturilor, posturilor și expresiilor faciale.

Gesturile pot fi de diverse tipuri, cum ar fi gesturile de încredere, de deschidere, de apărare sau de respingere. De exemplu, o persoană care își ține brațele încrucișate în fața pieptului poate fi percepută ca fiind în defensivă sau rezervată, în timp ce cineva care zâmbește larg și își deschide brațele într-o poziție prietenoasă transmite o atitudine deschisă și prietenoasă.
Un alt aspect important al mișcărilor corpului este exprimarea emoțiilor. Corpul nostru reacționează la emoțiile noastre și uneori poate fi dificil să ne controlăm gesturile și expresiile faciale când suntem emoționați.
 - De exemplu, când suntem nervoși sau anxioși, putem să ne atingem frecvent fețele, să ne dăm ochii peste cap sau să ne jucăm cu obiectele din jurul nostru. În schimb, când suntem fericiți sau mulțumiți, corpul nostru poate fi deschis, relaxat și plin de energie.
În plus, mișcările corpului pot indica și nivelul nostru de încredere în sine. O persoană sigură pe ea va avea o postură dreaptă, va face contact vizual și va folosi gesturi ample și expresive pentru a-și susține punctele de vedere.

Pe de altă parte, o persoană nesigură sau timidă se va manifesta printr-o postură închisă, evitând contactul vizual și având mișcări timide și stânjenitoare.

Mișcările corpului pot fi interpretate și în funcție de contextul în care au loc.

 - De exemplu, într-o conversație, gesturile pot fi folosite pentru a susține sau contrazice cuvintele pe care le rostim. De asemenea, gesturile pot fi folosite pentru a atrage atenția, pentru a exprima empatie sau pentru a sublinia importanța unui mesaj.

În relațiile interpersonale, mișcările corpului joacă un rol crucial în stabilirea unei conexiuni emoționale cu ceilalți. Gesturile de îmbrățișare, atingerea ușoară sau contactul vizual pot transmite căldură, afecțiune și încredere. De asemenea, gesturile pot fi folosite pentru a exprima recunoștință, respect sau stimă pentru celălalt.

În mediul profesional, mișcările corpului pot influența modul în care suntem percepuți de colegi, clienți sau superiori. O postură corectă și gesturi profesionale pot transmite încredere, autoritate și profesionalism.

În schimb, o postură slăbită, gesturi anapoda sau exprimări faciale nepotrivite pot crea impresia că suntem nesiguri, neprofesionali sau nepregătiți pentru sarcinile pe care le avem de îndeplinit.

Mișcările corpului pot influența și rezultatele unei negocieri sau ale unei prezentări publice. Gesturile puternice și expresive pot susține și sublinia mesajul pe care îl transmitem, ceea ce ne poate ajuta să convingem sau să influențăm mai ușor auditoriul nostru. Pe de altă parte, gesturile nesigure sau lipsite de expresivitate pot diminua impactul mesajului nostru și pot induce confuzie sau neîncredere în rândul audienței.

Mișcările corpului sunt o formă importantă de comunicare non-verbală care poate spune multe despre noi ca indivizi. Este crucial să fim conștienți de gesturile noastre și de modul în care acestea sunt percepute de ceilalți, deoarece ele pot influența modul în care suntem înțeleși, tratați și apreciați în diverse contexte sociale și profesionale. Prin înțelegerea și controlul mișcărilor noastre corporale, putem să ne îmbunătățim abilitățile de comunicare și să ne construim relații mai puternice și mai autentice cu cei din jurul nostru.

"Corpul nostru vorbește,
chiar dacă tăcem."
- Amy Cuddy

Capitolul 2

- Elementele de bază ale limbajului subtil al mișcărilor corpului.
- Postura corpului și semnificația ei.
- Expresia facială și gesturile.
- Mișcările ochilor și a mâinilor.
- Interpretarea distanței și a contactului fizic în comunicarea nonverbală.

Limbajul corpului este un mod subtil și puternic de comunicare, care poate fi citit în diferite culturi și contexte, fără cuvinte. Mișcările noastre corpului pot transmite emoții, intenții și stări de spirit în moduri care trec dincolo de cuvinte.

Există câteva elemente de bază ale limbajului subtil al mișcărilor corpului pe care le putem observa și interpreta pentru a înțelege mai bine ceea ce ceilalți comunică fără cuvinte. Aceste elemente includ postura, gesturile, expresiile faciale, tonul vocii și contactul vizual.

Postura corpului este unul dintre cele mai vizibile elemente ale limbajului subtil al mișcărilor corpului. Poziția în care ne aflăm, cum stăm sau cum ne mișcăm corpul poate da indicii despre starea noastră emoțională sau despre modul în care percepem mediul înconjurător.

- De exemplu, cineva care stă cu umerii căzuți și privirea în jos ar putea transmite tristețe sau lipsă de încredere, în timp ce cineva care stă drept și cu privirea înainte ar putea transmite încredere și siguranță în sine.

***

Gesturile pe care le facem cu mâinile și corpul pot fi, de asemenea, semnificative în comunicarea nonverbală. Gesturile pot fi expressive și pot completa sau sublinia mesajul verbal pe care îl transmitem. De exemplu, ridicarea sprâncenelor sau zâmbetul larg pot sublinia faptul că suntem interesați și implicați în conversație, în timp ce încrucișarea brațelor sau uitarea ochilor pot transmite un sentiment de defensivă sau de lipsă de interes.

Expresiile faciale sunt o altă modalitate importantă de comunicare nonverbală. Chipul nostru poate spune multe despre ceea ce simțim sau gândim.

- De exemplu, un zâmbet cald sau o privire atentă pot transmite bunăvoință și compasiune, în timp ce o față încruntată sau o privire furioasă pot transmite frustrare sau furie.

***

Tonul vocii este, de asemenea, un element important al limbajului subtil al mișcărilor corpului. Modul în care ne exprimăm verbal poate fi la fel de important ca și cuvintele pe care le folosim. Tonul vocii poate oferi informații despre modul în care ne simțim sau despre înțelesul real al cuvintelor noastre.

 - De exemplu, un ton joas de voce sau vorbirea rapidă pot transmite nervozitate sau anxietate, în timp ce un ton ridicat și expresiv poate indica entuziasm sau bucurie.

***

Contactul vizual poate fi, de asemenea, un element semnificativ în limbajul subtil al mișcărilor corpului. Privirea noastră poate crea o conexiune emoțională cu celălalt sau poate transmite attentă sau lipsă de interes.
- De exemplu, privirea persistentă și directă poate transmite încredere și sinceritate, în timp ce evitarea privirii sau rarele contacte vizuale pot transmite nervozitate sau lipsă de încredere.
Limbajul subtil al mișcărilor corpului este un mod puternic de comunicare care poate fi interpretat în diferite moduri în funcție de context și de cultură.

Observarea și înțelegerea acestor elemente de bază ale limbajului subtil al mișcărilor corpului ne pot ajuta să comunicăm mai eficient și să recunoaștem emoțiile și intențiile celor din jur. Este important să fim atenți la modul în care ne mișcăm corpul și la semnalele pe care le transmitem, pentru a ne asigura că comunicarea noastră este clară și autentică.

Postura corpului este modul în care stăm, stăm sau ne mișcăm și poate vorbi multe despre ceea ce simțim, gândim și chiar cine suntem ca persoane. Poate fi un indicator puternic al stării noastre emoționale, nivelului nostru de încredere în sine și chiar al modului în care suntem percepuți de cei din jur.Corpul nostru vorbește într-un limbaj aparte și subtil, care poate fi înțeles de cei din jur fără să fie necesară comunicarea verbală. Postura corpului nostru poate reflecta starea noastră de spirit sau poate fi utilizată pentru a comunica un anumit mesaj în mod inconștient.

Când stăm cu spatele îndreptat și umerii relaxați, transmitem un mesaj de încredere și siguranță în sine.

Această postură indică faptul că suntem relaxați și în control, ceea ce poate contribui la creșterea sentimentului nostru de încredere și chiar la îmbunătățirea relațiilor noastre cu cei din jur.

Pe de altă parte, atunci când stăm aplecați în față, cu umerii căzuți și privirea în pământ, putem transmite un mesaj de tristețe, lipsă de încredere sau chiar de supunere. Această postură poate fi asociată cu stresul, anxietatea sau lipsa de încredere în sine și poate avea un impact negativ asupra modului în care suntem percepuți de ceilalți.

De asemenea, modul în care ne mișcăm poate oferi indicii semnificative despre starea noastră emoțională. De exemplu, oamenii care se mișcă încet și fără grăbire pot fi percepuți ca fiind relaxați și siguri pe ei, în timp ce cei care se mișcă repede și haotic pot fi priviți ca fiind stresați sau anxioși. Prin urmare, atât postura corpului, cât și mișcările noastre pot avea un impact semnificativ asupra modului în care suntem percepuți și reacționăm în diverse situații.

O postură corectă îmbunătățește sănătatea fizică și psihică a unei persoane.

O postură corectă implică alinierea corectă a părților corpului, cum ar fi capul, umerii, coloana vertebrală, soldurile și picioarele. Aceasta poate reduce riscul de dureri de spate, dureri de gât și alte probleme de sănătate legate de postura incorectă.

O postură corectă poate îmbunătăți, de asemenea, încrederea în sine și starea de spirit a unei persoane. Când stăm sau stăm cu spatele drept și umerii relaxați, putem simți mai multă încredere în sine și putem avea o atitudine mai pozitivă față de viață. De asemenea, o postură corectă poate ajuta la îmbunătățirea respirației și circulației sângelui, ceea ce poate avea un impact pozitiv asupra sănătății generale a unei persoane.

Postura corpului poate fi influențată de mai mulți factori, cum ar fi mediul în care trăim, nivelul de stres, nivelul de încredere în sine și chiar postura pe care o adoptăm de obicei. De exemplu, persoanele care lucrează într-un mediu stresant sau petrec mult timp stând la birou pot avea tendința de a adopta o postură incorectă, care poate duce la probleme de sănătate pe termen lung.

Este important să fim conștienți de postura noastră și să încercăm să o corectăm atunci când observăm că nu este în regulă.

Acest lucru poate implica îmbunătățirea ergonomiei locului de muncă, adoptarea unor exerciții corective sau pur și simplu conștientizarea modului în care stăm sau stăm. Cu puțin efort și atenție, putem îmbunătăți postura corpului nostru și sănătatea noastră generală.

Postura corpului este un aspect important al comunicării nonverbale și poate oferi indicii semnificative despre starea noastră emoțională, nivelul nostru de încredere în sine și modul în care suntem percepuți de ceilalți. O postură corectă poate avea numeroase beneficii pentru sănătatea noastră fizică și psihologică, în timp ce o postură incorectă poate duce la probleme de sănătate pe termen lung. Este important să fim conștienți de postura noastră și să acordăm atenție modului în care stăm, stăm și ne mișcăm pentru a ne asigura că suntem în cea mai bună formă posibilă.

Expresia facială și gesturile sunt două mijloace prin care oamenii pot comunica și transmite emoții, gânduri sau intenții. Fiecare gest sau mișcare a feței poate spune multe lucruri despre starea noastră emoțională sau despre ce gândim într-un anumit moment.

De aceea, este important să fim conștienți de semnificația acestor gesturi și să le interpretăm corect atunci când interacționăm cu ceilalți.

Gesturile pot fi clasificate în două categorii principale: gesturi emblematice și gesturi de însoțire. Gesturile emblematice sunt gesturi care au o semnificație clară și universală, cum ar fi ridicarea degetului mare în sus pentru a semnala "bine" sau arătarea degetului arătător pentru a indica o direcție. Aceste gesturi pot fi înțelese de către majoritatea oamenilor din diferite culturi și sunt folosite pentru a transmite mesaje fără a folosi cuvinte.

Pe de altă parte, gesturile de însoțire sunt mișcările involuntare pe care le facem atunci când vorbim sau când suntem interesați de ceva. Aceste gesturi pot varia în funcție de cultură și pot fi interpretate diferit de către diferite persoane. De exemplu, frecarea mâinilor poate indica nerăbdare sau entuziasm în unele culturi, în timp ce în altele poate fi interpretată ca o metodă de a se înclina.Expresia facială este un alt aspect important al comunicării nonverbale. Fețele noastre pot exprima o gamă largă de emoții, de la bucurie și entuziasm până la tristețe sau furie.

- De exemplu, un zâmbet larg poate indica fericire sau mulțumire, în timp ce o frunte încruntată poate fi semnul unei stări de neliniște sau disconfort.

Este esențial să fim atenți la expresiile faciale ale celor din jurul nostru și să interpretăm corect ceea ce vrem să transmită acestea. O persoană care își mușcă buza sau își frige ochii poate fi semnul unei stări de nervozitate sau anxietate, iar o persoană care își freacă gâtul sau își plimbă degetele pe masă poate indica plictiseală sau frustrare.

În plus, gesturile și expresiile faciale pot fi folosite pentru a-ți exprima susținerea sau încrederea într-o conversație.

- De exemplu, faptul de a-ți strânge mâinile în timp ce ascultă pe cineva poate arăta că ești interesat și implicat în discuție, în timp ce încrucișarea brațelor sau privirea în altă parte poate transmite un mesaj de dezinteres sau indecizie.

De asemenea, este important să fim conștienți de propriile gesturi și expresii faciale și să le controlăm pentru a transmite mesaje clare și coerente celor din jur. Un aspect important al comunicării nonverbale este congruența între limbajul nonverbal și cel verbal.

Dacă gesturile sau expresiile faciale nu sunt în concordanță cu ceea ce spunem, ceilalți pot fi confuzi sau pot interpreta greșit ceea ce vrem să transmitem.

În concluzie, expresia facială și gesturile sunt mijloace importante de comunicare nonverbală prin care putem transmite emoții, gânduri și intenții fără a folosi cuvinte. Este important să fim atenți la semnificația acestor gesturi și să le interpretăm corect atunci când interacționăm cu ceilalți. Prin conștientizarea și controlul gesturilor și expresiilor faciale, putem îmbunătăți calitatea comunicării noastre și ne putem înțelege mai bine pe noi înșine și pe cei din jurul nostru.

Mișcările ochilor și a mâinilor sunt un aspect important al comunicării non-verbale care poate transmite multe informații despre starea noastră emoțională și gândurile noastre. Gesturile noastre pot influența modul în care suntem percepuți de ceilalți și pot avea un impact semnificativ asupra relațiilor noastre interpersonale.

Ochii noștri sunt uneori numiți „ferestrele sufletului" pentru că pot revela multe despre starea noastră emoțională și gândurile noastre interioare.

Prin urmare, mișcările ochilor noștri pot fi extrem de semnificative în comunicarea noastră non-verbală.

- De exemplu, când cineva privește în jos în timp ce vorbește, acest lucru poate sugera că se simte nesigur sau că nu spune întreaga adevăr. Dimpotrivă, privirea dreaptă și directă poate transmite încredere și siguranță în sine. În plus, viteza și direcția mișcărilor oculare pot indica în ce măsură suntem implicați și atenți în conversație.

- De exemplu, dacă cineva își mișcă rapid ochii de la un subiect la altul, acest lucru poate sugera că se simte neliniștit sau distras.

***

Mâinile noastre sunt de asemenea o parte importantă a comunicării no-verbale. Gesturile noastre cu mâinile pot adăuga substanță și intensitate în comunicarea noastră verbală.

- De exemplu, atunci când ne exprimăm entuziasmul prin gesturi ample sau când subliniem un punct important prin gesturi țintite și energice, putem contribui la transmiterea eficientă a mesajului nostru și la menținerea atenției interlocutorului.

În schimb, mișcările mâinilor tremurătoare sau nervoase pot indica anxietate sau stres și pot face ca interlocutorul să se simtă incomod sau să îi scadă încrederea în cel care vorbește.

Există o varietate de gesturi ale mâinilor care pot transmite diferite emoții și intenții.

 – De exemplu, încrucișarea brațelor poate indica defensivitate, respingere sau închidere emoțională, în timp ce deschiderea și întinderea mâinilor pot sugera că suntem deschiși, prietenoși și receptivi la ideile și perspectivele celorlalți. De asemenea, un gest precum ridicarea sprâncenelor sau clătinarea capului poate indica surpriză, neîncredere sau dezacord, în timp ce un zâmbet larg sau ridicarea ușoară a buzelor poate transmite simpatie, bunăvoință și înțelegere.

Este important să ne amintim că gesturile noastre trebuie să fie congruente cu ceea ce spunem cuvintele noastre. Dacă mesajul nostru verbal și non-verbal sunt în contradicție, interlocutorul va fi confuz și va avea dificultăți în a ne înțelege cu adevărat intențiile. Prin urmare, este important să fim conștienți de comunicarea noastră non-verbală și să ne asigurăm că gesturile noastre sprijină și completează ceea ce comunicăm verbal.

De asemenea, este important să fim atenți la modul în care interpretăm gesturile altora. Gesturile non-verbale pot fi interpretate în mod diferit în funcție de contextul cultural și individual. Ceea ce poate însemna un lucru într-o cultură sau pentru o persoană, poate fi perceput cu totul altfel în altă cultură sau de către altă persoană. Prin urmare, este important să fim deschiși și flexibili în interpretarea gesturilor non-verbale ale celorlalți și să nu tragem concluzii pripite sau să judecăm pe baza acestora.

Mișcările ochilor și a mâinilor sunt aspecte importante ale comunicării non-verbale care pot influența în mod semnificativ modul în care suntem percepuți de ceilalți și pot avea un impact puternic asupra relațiilor noastre interpersonale. Prin conștientizarea și înțelegerea acestor gesturi, putem îmbunătăți capacitatea noastră de a comunica eficient și de a menține relații pozitive cu cei din jurul nostru.

Comunicarea nonverbală reprezintă o modalitate importantă de exprimare a emoțiilor, gândurilor și intențiilor noastre fără a folosi cuvinte.

Distanța și contactul fizic sunt două aspecte fundamentale ale acestei forme de comunicare, care pot transmite multe informații despre relația și starea noastră emoțională în interacțiunea cu ceilalți.Distanța în comunicarea nonverbală reprezintă spațiul fizic pe care îl menținem între noi și cei din jurul nostru în diferite situații. Aceasta poate fi clasificată în patru tipuri principale: distanță intimă, distanță personală, distanță socială și distanță publică. Distanța intimă este aceea în care suntem la cel mult 45 cm de cealaltă persoană și este rezervată celor mai apropiați oameni din viața noastră, cum ar fi partenerul de viață sau copiii noștri. Distanța personală este între 45 cm și 1,2 metri și este folosită în conversațiile cu prietenii sau colegii de muncă. Distanța socială este între 1,2 și 3,6 metri și este folosită în interacțiunile cu persoanele pe care le cunoaștem mai puțin sau cu care nu avem o relație strânsă. Distanța publică este cea de peste 3,6 metri și este folosită în situații în care avem nevoie de spațiu personal, cum ar fi la un eveniment public.Este important să fim conștienți de aceste distanțe și de modul în care le utilizăm în diferite contexte.

– De exemplu, dacă stăm prea aproape de cineva în timp ce vorbim cu el, putem transmite mesajul că suntem invadatori sau agresivi. Pe de altă parte, dacă stăm prea departe de interlocutor, putem fi percepuți ca fiind reci sau distanți emoțional.

Contactul fizic este un alt aspect important al comunicării nonverbale, care poate transmite multe informații despre relația noastră cu ceilalți și despre starea noastră emoțională. Atingerea poate fi folosită în diferite moduri, cum ar fi strângerea mâinii, îmbrățișarea sau atingerea ușoară a umărului, și poate transmite sentimente de afecțiune, suport sau apropiere. Cu toate acestea, este important să fim conștienți de confortul și limitele persoanei cu care interacționăm atunci când utilizăm contactul fizic, deoarece acesta poate fi perceput diferit în funcție de cultură sau de relația pe care o avem cu acea persoană.

Comunicarea nonverbală poate fi extrem de variată și subtilă, iar distanța și contactul fizic joacă un rol important în modul în care ne exprimăm și interpretăm emoțiile noastre în interacțiunile sociale.

Este important să fim atenți la aceste aspecte și să le folosim în mod conștient în comunicarea noastră cu ceilalți pentru a evita neînțelegerile și pentru a stabili relații pozitive și sănătoase.Distanța și contactul fizic pot transmite multe informații importante într-o interacțiune nonverbală. Acestea pot reflecta gradul de intimitate sau confort în relația dintre două persoane, dar pot transmite și starea emoțională sau nivelul de încredere al fiecăruia. În funcție de cultura sau tradițiile unei anumite comunități, aceste aspecte pot fi interpretate diferit, motiv pentru care este important să fim atenți și să ne adaptăm în funcție de context.

Un aspect important în comunicarea nonverbală este faptul că distanța și contactul fizic pot varia în funcție de relația sau intenția pe care o avem cu celălalt. De exemplu, într-o întâlnire de afaceri sau în contextul profesional, este important să respectăm anumite limite și să folosim distanța și contactul fizic într-un mod adecvat. Pe de altă parte, în relațiile personale sau în situații de confort și intimitate, este posibil să utilizăm distanța și contactul fizic într-un mod mai deschis și expresiv.

Distanța și contactul fizic pot fi interpretate în diferite moduri în funcție de persoanele implicate și de natura relației lor.

 - De exemplu, o persoană care este obișnuită să aibă spațiu personal mai mare poate fi deranjată de cineva care stă prea aproape de ea, în timp ce alta ar putea considera acest gest de apropiere ca fiind un semn de afecțiune sau interes. Este important să fim sensibili la nevoile și preferințele celor din jur și să fim conștienți de semnalele nonverbale pe care le transmitim prin distanța și contactul fizic pe care îl folosim.

Într-o conversație, distanța și contactul fizic pot influența nivelul de încredere, confort și deschidere dintre interlocutori.

 - De exemplu, o distanță prea mare poate transmite o lipsă de interes sau de implicare în conversație, în timp ce o prezență fizică apropiată poate indica o interacțiune mai personală și implicată. Este important să fim atenți la semnalele pe care le trimitem cu corpul nostru și să ne adaptăm în funcție de reacțiile și nevoile celorlalți pentru a avea o comunicare eficientă și empatică.

Un alt aspect important de luat în considerare în comunicarea nonverbală este modalitatea în care distanța și contactul fizic pot influența percepția noastră despre cine suntem și despre ceilalți.

– De exemplu, persoanele care au un spațiu personal mai mare pot fi percepute ca fiind mai rezervate sau mai introvertite, în timp ce cei care folosesc mai des contactul fizic pot fi văzuți ca fiind mai deschiși și mai sociabili. Este important să fim conștienți de aceste aspecte și să le utilizăm în mod conștient pentru a ne exprima și a ne relaționa într-un mod autentic și empatic.

Distanța și contactul fizic sunt două aspecte esențiale ale comunicării nonverbale care pot influența modul în care ne exprimăm și interpretăm emoțiile și intențiile noastre în interacțiunile sociale. Este important să fim atenți la aceste aspecte și să le utilizăm în mod conștient pentru a stabili relații pozitive și sănătoase cu cei din jurul nostru. Prin folosirea adecvată a distanței și contactului fizic, putem crea un mediu de comunicare empatic și autentic în care ne putem exprima liber și înțelege mai bine nevoile și emoțiile celorlalți.

"Limbajul corpului este o artă subtilă a comunicării, un alfabet de senzații și gesturi care exprimă mai mult decât cuvintele."
- George Herbert Mead

Capitolul 3

- *Comunicarea nonverbală în diferite contexte sociale.*
- *Cum comunicăm cu ajutorul mișcărilor corpului în contexte formale și informale.*
- *Cum ne putem regla comportamentul nonverbal în funcție de mediul social și cultural.*
- *Importanța adaptării limbajului subtil al mișcărilor corpului în diferite situații.*

Comunicarea nonverbală presupune transmiterea de mesaje și informații fără a folosi cuvinte sau alte mijloace verbale. Această formă de comunicare include limbajul trupului, expresiile faciale, gesturile, tonalitățile vocii, postura și spațiul personal. Comunicarea nonverbală este extrem de importantă în relațiile interpersonale, înțelegerea emoțiilor și în transmiterea de informații. Ea poate fi folosită în diferite contexte sociale, cum ar fi la locul de muncă, în relațiile de cuplu, în cadrul familiei sau în interacțiunile sociale generale.

Unul dintre cele mai importante aspecte ale comunicării nonverbale este limbajul trupului.

* Gesturile și postura noastră pot spune
multe despre ceea ce simțim și gândim într-
un anumit moment.
 - De exemplu, o persoană care își plasează
mâinile în șolduri și ridică bărbia poate să
transmită un sentiment de superioritate sau
de încredere în sine. În schimb, o persoană
care își închide brațele sau își încrucișează
picioarele poate să transmită un sentiment de
defensivă sau de respingere. Este important
să fim atenți la aceste semnale nonverbale și
să le interpretăm corect pentru a înțelege mai
bine ce simte sau gândește interlocutorul
nostru

* Expresiile faciale sunt un alt aspect
important al comunicării nonverbale.
Zâmbetul, furia sau tristețea pot fi citite cu
ușurință de către ceilalți în funcție de mimica
feței noastre.
 - De exemplu, dacă cineva râde și își
deschide ochii larg, putem presupune că se
simte fericit sau entuziasmat. În schimb,
dacă cineva își încruntă fruntea și își strânge
buzele, putem presupune că se simte supărat
sau nemulțumit de ceva. Este important să
fim atenți nu doar la cuvintele pe care le
folosim, ci și la expresiile faciale ale

interlocutorilor noştri pentru a înţelege mai bine contextul şi emoţiile implicate în comunicare.

 * Gesturile joacă şi ele un rol important în comunicarea nonverbală. Un simplu gest cu mâna poate să transmită multe informaţii despre ce ne dorim sau cum ne simţim într-un anumit moment.

 - De exemplu, a arăta spre ceva poate să indice că vrem să atragem atenţia cuiva asupra acelui lucru. Gesturile pot să fie şi culturale, adică să aibă semnificaţii diferite în funcţie de contextul sau de ţara în care ne aflăm. De exemplu, ridicarea degetului arătător în anumite culturi este considerată nepoliticoasă sau agresivă, în timp ce în alte culturi poate să fie folosită pentru a indica o idee sau un punct de vedere.

 * Tonul vocii şi modul în care ne exprimăm verbal sunt, de asemenea, aspecte importante ale comunicării nonverbale. O voce plăcută, caldă şi prietenoasă poate să transmită un sentiment de apropiere şi de încredere în interacţiunile sociale. În schimb, o voce aspră sau obraznică poate să indice o atitudine agresivă sau defensivă. Este important să fim atenţi la tonalităţile vocii noastre şi la modul

în care ne exprimăm pentru a nu transmite mesaje greșite sau pentru a nu deranja sau ofensa pe ceilalți.

 * Postura și spațiul personal sunt aspecte ale comunicării nonverbale care pot să difere în funcție de cultură sau de context social. De exemplu, în anumite culturi, a sta prea aproape de o altă persoană sau a o atinge în timpul conversației poate să fie considerat nepoliticos sau invaziv. În schimb, în alte culturi, a-ți ține distanța poate să fie interpretat ca un semn de rece sau de ostilitate. Este important să fim atenți la spațiul personal al celor din jurul nostru și să respectăm limitele lor pentru a evita conflicte sau neînțelegeri.

Comunicarea nonverbală poate să fie folosită în diferite contexte sociale pentru a îmbunătăți relațiile interpersonale și pentru a eficientiza procesul de comunicare. La locul de muncă, gesturile, expresiile faciale și tonul vocii pot să fie folosite pentru a transmite eficient informații sau pentru a lucra în echipă cu colegii.

 - De exemplu, a zâmbi și a vorbi calm cu colegii poate să creeze o atmosferă pozitivă și productivă în birou. La fel, a fi atent la limbajul trupului și la expresiile faciale ale șefului sau ale colegilor poate să ne ajute să înțelegem mai bine ce se așteaptă de la noi și cum putem să ne îmbunătățim performanța în echipă.

În relațiile de cuplu, comunicarea nonverbală este extrem de importantă pentru a construi și menține o relație sănătoasă și armonioasă. Gesturile de tandrețe, expresiile faciale de afecțiune și tonul vocii cald și empatic pot să consolideze legătura emoțională dintre parteneri.

 - De exemplu, a-ți ține mâna partenerului în public sau a-i spune cu un zâmbet că îl iubești pot să creeze o conexiune emoțională puternică și să întărească încrederea reciproca în relație. În schimb, a fi atent la semnalele nonverbale ale partenerului tău, cum ar fi tonul vocii sau postura sa, poate să te ajute să înțelegi mai bine ce simte și cum poți să îl sprijini sau să îl susții în momentele dificile.

În cadrul familiei, comunicarea nonverbală poate să ajute la consolidarea relațiilor între membrii familiei și la creșterea încrederii și respectului reciproc.Gesturile de afecțiune, expresiile faciale de bucurie și tonul vocii plin de dragoste pot să creeze un mediu familial cald și primitor.

- De exemplu, a îmbrățișa și a săruta copiii sau a-i încuraja cu un zâmbet și cuvinte pozitive poate să le ofere sentimentul de siguranță și sprijin emoțional de care au nevoie. Totodată, a fi atent la semnalele nonverbale ale celorlalți membri ai familiei, cum ar fi postura sau gesturile lor, poate să te ajute să înțelegi mai bine ce simt și cum poți să îi susții în momentele dificile sau de încurajare.

În interacțiunile sociale generale, comunicarea nonverbală poate să faciliteze relațiile cu cei din jur și să conducă la o mai bună înțelegere reciproca. Gesturile de politețe, expresiile faciale de bunăvoință și tonul vocii prietenos pot să creeze un mediu social plăcut și deschis la dialog.

- De exemplu, a zâmbi și a saluta cu căldură o persoană nouă întâlnită la o petrecere poate să creeze un prim contact plăcut și să faciliteze conversația ulterioară.

De asemenea, a fi atent la semnalele nonverbale ale celor din jur, cum ar fi gesturile sau expresiile faciale ale acestora, poate să te ajute să îți ajustezi comportamentul și abordarea pentru a facilita comunicarea eficientă și plăcută.

Pentru a îmbunătăți competențele de comunicare nonverbală, este important să fim atenți la propria noastră exprimare nonverbală și să ne monitorizăm gesturile, expresiile faciale, tonul vocii și postura în diferite contexte sociale. De asemenea, este important să fim atenți la semnalele nonverbale ale celor din jur și să încercăm să le interpretăm corect pentru a înțelege mai bine contextul și emoțiile implicate în comunicare. Exercițiile de role-play, sesiunile de feedback și consilierea psihologică pot să fie utile în dezvoltarea abilităților de comunicare nonverbală și în îmbunătățirea relațiilor interpersonale. Comunicarea nonverbală este un aspect important al interacțiunilor sociale și poate să influențeze în mod semnificativ relațiile interpersonale, înțelegerea emoțiilor și eficiența comunicării. Gesturile, expresiile faciale, tonul vocii, postura și spațiul personal sunt elemente ale comunicării nonverbale care pot să fie folosite în diferite contexte sociale pentru a facilita dialogul, a consolida relațiile și a îmbunătăți înțelegerea reciprocă. Prin îmbunătățirea abilităților de comunicare nonverbală și prin fiind atenți la semnalele nonverbale ale celor din jur, putem să ne îmbunătățim relațiile interpersonale și să ne bucurăm de interacțiuni sociale mai armonioase și mai plăcute.

Comunicarea prin mișcările corpului, cunoscută și sub numele de limbajul non-verbal, este un aspect important al relațiilor interpersonale, care poate transmite o mulțime de informații despre starea emoțională și intențiile noastre. Acest tip de comunicare se realizează prin intermediul gesturilor, atitudinii corpului, expresiilor faciale și contactului vizual.

În contextele formale, cum ar fi în cadrul unei întâlniri de afaceri sau a unei prezentări în fața unui public, este important să avem în vedere modul în care ne comportăm și cum folosim mișcările corpului pentru a ne transmite mesajul.

- De exemplu, poziția corpului, contactul vizual și gesturile pot influența modul în care suntem percepuți de cei din jur. Este important să fim conștienți de semnalele non-verbale pe care le transmitem și să le folosim în mod corespunzător pentru a ne susține mesajul verbal.

Un aspect important al comunicării prin mișcările corpului este contactul vizual. Într-un context formal, cum ar fi o discuție cu un coleg sau cu un superior, este important să menținem contactul vizual într-un mod respectuos și deschis. Acest lucru demonstrează că suntem atenți și implicați în conversație și că respectăm persoana cu care vorbim. Pe de altă parte, evitarea contactului vizual poate fi percepută ca lipsă de încredere sau de interes, așa că este important să fim conștienți de această componentă a comunicării nonverbale.

În plus, gesturile pe care le facem cu mâinile pot avea un impact semnificativ în cadrul unei conversații formale. De exemplu, gesturile ample și exagerate pot fi interpretate ca fiind agresive sau dominante, în timp ce gesturile subtile și controlate pot arăta încredere și siguranță în sine. De asemenea, gesturile care însoțesc vorbele noastre pot amplifica sau clarifica mesajul pe care-l transmitem, făcând comunicarea mai eficientă și mai ușor de înțeles pentru ceilalți. Postura corpului este un alt aspect important al comunicării nonverbale în contexte formale.

O postură dreaptă și deschisă poate indica încredere și siguranță în sine, în timp ce o postură închisă sau aplecată poate fi interpretată ca fiind defensivă sau nesigură. Prin urmare, este important să fim atenți la postura noastră în timpul interacțiunilor formale și să ne asigurăm că transmitem mesajul pe care-l dorim cu ajutorul mișcărilor corpului noastre.

Expresiile faciale au un rol crucial în comunicarea nonverbală. Zâmbetul poate indica deschidere și prietenie, în timp ce o privire încruntată sau o față serioasă poate fi interpretată ca fiind lipsă de interes sau de implicare. Prin urmare, trebuie să fim conștienți de expresiile faciale pe care le folosim în timpul conversațiilor formale și să ne asigurăm că acestea sunt potrivite pentru mesajul pe care-l dorim să-l transmitem.

Un alt aspect important al comunicării prin mișcările corpului în contexte formale este tonul vocii. Modul în care ne modulăm vocea poate spune multe despre starea noastră emoțională și despre modul în care percepem interlocutorul nostru. Un ton de voce calm și controlat poate indica încredere și profesionalism, în timp ce un ton agitat sau agresiv poate fi perceput ca fiind nepotrivit sau lipsit de respect.

Prin urmare, este important să fim atenți la tonul vocii noastre și să ne asigurăm că acesta este potrivit pentru contextul și persoana cu care vorbim.

Comunicarea prin mișcările corpului în contexte formale este un aspect esențial al interacțiunilor noastre sociale. Prin gesturi, expresii faciale, postură, contact vizual și tonul vocii, putem transmite mesaje puternice și subtile care completează și amplifică comunicarea verbală. Prin conștientizarea și controlul acestor elemente, putem îmbunătăți calitatea comunicării noastre și ne putem asigura că mesajele noastre sunt înțelese corect și eficient de către ceilalți.Mișcările corpului, expresiile faciale, gesturile și postura pot spune multe despre ceea ce gândim și simțim, chiar mai mult decât cuvintele pe care le folosim. În contextele informale, cum ar fi în relațiile de prietenie sau în familie, comunicarea nonverbală poate ajuta la stabilirea unei legături mai puternice și la înțelegerea mai profundă între oameni.

Unul dintre aspectele importante ale comunicării nonverbale în contexte informale este contactul vizual.

Când vorbim cu cineva și îi privim în ochi, transmitem că suntem interesați de ceea ce spune și că îi acordăm atenție. Contactul vizual poate crea o conexiune mai puternică între două persoane și poate consolida relația lor. Pe de altă parte, evitarea contactului vizual poate fi interpretată ca lipsă de încredere sau ca un semn al unei comunicări nesigure.

Expresiile faciale sunt un alt aspect important al comunicării nonverbale. Zâmbetul, fruntea încruntată sau ridicarea sprâncenelor pot transmite emoții și sentimente puternice fără a fi nevoie să spunem ceva.

 - De exemplu, un zâmbet larg arată că suntem fericiți și prietenoși, în timp ce o frunte încruntată poate indica că suntem supărați sau tensionați. Prin urmare, este important să fim atenți la propriile noastre expresii faciale și să le interpretăm pe cele ale celorlalți pentru a înțelege mai bine ce simt și gândesc.

Gesturile joacă, de asemenea, un rol important în comunicarea nonverbală în contexte informale.

Gesturile pot accentua sau completa mesajele verbale pe care le transmitem și pot oferi informații suplimentare despre ceea ce simțim și gândim.

 – De exemplu, ridicarea mâinilor în semn de salut sau strângerea unei mâini poate transmite că suntem deschiși și prietenoși. Pe de altă parte, încrucișarea brațelor sau îndepărtarea corpului de celălalt poate indica că suntem închiși și puțin receptivi la comunicare. Gesturile ne pot ajuta să ne exprimăm mai bine și să ne facem mai ușor înțeleși într-o conversație.

Postura corpului poate oferi, de asemenea, indicii importante despre starea noastră mentală și emoțională. O postură relaxată și deschisă poate indica că suntem confortabili și încrezători, în timp ce o postură rigidă sau închisă poate reflecta anxietate sau lipsă de încredere. În plus, orientarea corpului către celălalt și menținerea unei distanțe confortabile pot indica că suntem implicați și interesați de conversație. Prin urmare, este important să fim conștienți de propria noastră postură și să fim atenți la semnalele pe care le transmitim prin intermediul acesteia.

Tonul vocii este un alt element crucial al comunicării nonverbale în contexte informale. Modul în care vorbim, intonația și volumul vocii pot transmite emoții și atitudini care să completeze mesajele verbale pe care le transmitem. Un ton cald și prietenos poate indica că suntem deschiși și primitori, în timp ce un ton monoton sau agitat poate transmite lipsă de interes sau nervozitate. Este important să fim atenți la modul în care ne exprimăm verbal și să ajustăm tonul vocii în funcție de contextul și de interlocutorul nostru pentru a transmite mesajele corecte și pentru a facilita o comunicare eficientă.

În contexte informale, mișcările corpului pot transmite, de asemenea, semnale de atenție și de angajament în conversație. De exemplu, aprobarea cu capul sau mimica cu mâinile pot arăta că suntem interesați de subiectul discuției și că suntem de acord cu ceea ce spune celălalt. În plus, adaptarea mișcărilor noastre corpului la cele ale interlocutorului poate indica că suntem empatici și că suntem dispuși să fim deschiși și receptivi în comunicare.

Prin urmare, este important să ne folosim mișcările corpului într-un mod conștient și să fim atenți la semnalele nonverbale pe care le transmitem în timpul unei conversații. Comunicarea nonverbală în contextele informale poate influența în mod semnificativ calitatea relațiilor noastre interpersonale. Prin folosirea corectă a mișcărilor corpului, a expresiilor faciale, a gesturilor și a tonului vocii, putem întări legăturile cu cei din jurul nostru și putem facilita o comunicare mai eficientă și mai empatică. Este important să fim atenți la semnalele nonverbale pe care le transmitem și să le interpretăm corect în relațiile noastre interpersonale pentru a construi relații mai sănătoase și mai autentice.

Comportamentul nonverbal se referă la gesturi, expresii faciale, postură și alte semnale pe care le oferim celor din jur fără a folosi cuvinte. Acesta joacă un rol important în comunicarea noastră și poate varia în funcție de mediul social și cultural în care ne aflăm.

În primul rând, trebuie să înțelegem că fiecare cultură are propriile norme și reguli în ceea ce privește comunicarea nonverbală.

De exemplu, în unele culturi gesturile cu mâinile pot fi considerate agresive sau nepoliticoase, în timp ce în altele pot fi văzute ca fiind expresii normale ale comunicării. De asemenea, în unele culturi contactul vizual poate fi văzut ca fiind o dovadă de respect și interes, în timp ce în altele poate fi perceput ca fiind intruziv sau nepoliticos.

Pentru a ne adapta comportamentul nonverbal în funcție de mediul social și cultural în care ne aflăm, trebuie să fim deschiși și receptivi la diferențele culturale. Este important să observăm și să învățăm despre obiceiurile și valorile culturii în care ne aflăm, pentru a ne asigura că comportamentul nostru nonverbal este potrivit și respectuos.

Un aspect important al comportamentului nonverbal este limbajul corpului. Postura noastră, mișcările și gesturile pot transmite multe informații celor din jur.

- De exemplu, o postură relaxată și deschisă poate transmite încredere și disponibilitate pentru comunicare, în timp ce o postură închisă și tensionată poate fi percepută ca fiind defensivă sau neprietenoasă.

Expresiile faciale sunt un alt aspect important al comportamentului nonverbal. Zâmbetul este un gest universal de prietenie și bunăvoință, dar și acesta poate avea conotații diferite în funcție de cultură.

 - De exemplu, în unele culturi zâmbetul larg poate fi văzut ca fiind nepoliticos sau chiar agresiv, în timp ce în altele este un semn de politețe și deschidere.

În mediul social, este important să fim conștienți de semnalele nonverbale pe care le primim de la cei din jur și să răspundem adecvat.

 - De exemplu, dacă observăm că interlocutorul nostru este închis și tensionat, putem încerca să îl facem să se simtă mai confortabil prin deschiderea noastră și adoptarea unei poziții mai relaxate.

De asemenea, trebuie să fim atenți la contactul fizic în diferite medii sociale și culturale. În unele culturi, sărutul sau îmbrățișarea pot fi văzute ca fiind gesturi normale de salut sau de exprimare a afecțiunii, în timp ce în altele pot fi considerate nepotrivite sau intruzive. Este important să respectăm regulile culturale în ceea ce privește contactul fizic și să fim atenți la comfortul celor din jur.

Mai mult decât atât, tonul vocii și viteza vorbirii pot transmite, de asemenea, multe informații în comunicarea nonverbală. Un ton calm și plăcut poate fi văzut ca fiind un semn de respect și încredere, în timp ce un ton agresiv sau ridicat poate fi perceput ca fiind nepoliticos sau ofensator. De asemenea, ritmul și intonația vorbirii pot varia în funcție de cultură, așa că este important să fim atenți la aceste aspecte în interacțiunile noastre. Pentru a ne regla comportamentul nonverbal în funcție de mediul social și cultural în care ne aflăm, trebuie să fim deschiși la schimbare și să fim empatici față de diferențele culturale. Comunicarea nonverbală este un aspect important al interacțiunilor noastre sociale și culturale, și o înțelegere corectă a acestui aspect poate contribui la îmbunătățirea relațiilor noastre cu cei din jur. Mișcările corpului sunt un aspect important al comunicării nonverbale, care poate transmite o mulțime de informații în diferite situații. Adaptarea limbajului subtil al mișcărilor corpului este crucială pentru a transmite mesajele corecte și pentru a evita interpretările greșite.

În primul rând, trebuie să înțelegem că mișcările corpului pot fi interpretate diferit în funcție de contextul în care se desfășoară. De exemplu, o simplă încrucișare a brațelor poate fi interpretată ca un semn de apărare sau închidere într-o discuție, sau poate fi doar o poziție de confort. Prin urmare, adaptarea mișcărilor corpului la situație este esențială pentru a evita interpretările greșite. Într-o conversație, mimica facială joacă un rol crucial în transmiterea emoțiilor și a intențiilor noastre. Un zâmbet prietenos poate indica bunăvoință și deschidere către celălalt, în timp ce o privire îngrijorată sau o frunte încruntată pot indica îngrijorare sau disconfort. Prin urmare, este important să adaptăm mișcările faciale în funcție de contextul și de emoțiile pe care dorim să le comunicăm.

De asemenea, gesturile pot fi o modalitate eficientă de a sublinia sau de a completa mesajul verbal.

- De exemplu, gesturile precum ridicarea sprâncenelor sau clătinarea capului pot adăuga profunzime și claritate sentimentelor sau intențiilor noastre.Excesul de gesturi sau gesturile repetate excesiv pot fi interpretate ca semne de nervozitate sau insecuritate.

În funcție de situație, este important să adaptăm tonul vocii noastre și postura corpului pentru a transmite mesajul corect. Un ton prea agresiv sau o postură închisă pot crea o atmosferă tensionată sau conflictuală, în timp ce un ton cald și o postură deschisă pot favoriza o comunicare eficientă și armonioasă.

Într-un context profesional, adaptarea mișcărilor corpului este esențială pentru a transmite încredere și profesionalism. O postură încordată sau o limbajul corporal defensiv pot transmite lipsa de încredere sau insecuritate, în timp ce o postură fermă și expresivă poate inspira încredere și respect. De asemenea, atenția la detaliile cum ar fi contactul vizual sau fermitatea strângerii mâinilor pot influența percepția celor din jur asupra noastră.

În relațiile personale, adaptarea mișcărilor corpului poate fi un factor crucial în stabilirea unei conexiuni emoționale și înțelegerea reciprocă. Gesturi precum îmbrățișările, atingerea sau contactul vizual pot transmite afecțiune și sprijin emoțional, în timp ce distanțarea fizică sau lipsa contactului vizual pot crea distanță și neînțelegere.

Adaptarea limbajului subtil al mișcărilor corpului în diferite situații este esențială pentru a comunica eficient și pentru a evita interpretările greșite. Prin conștientizarea și controlul mișcărilor noastre corporale, putem transmite mesajele corecte și putem crea conexiuni autentice și armonioase cu cei din jurul nostru. Este important să fim atenți la detaliile comunicării nonverbale și să ne adaptăm mișcările corpului în funcție de contextul și de persoanele cu care interacționăm, pentru a crea relații sănătoase și pline de înțelegere.

"Limbajul corpului poate fi mai sincer decât cuvintele, deoarece este imposibil să-l falsifici sau să-l ascunzi."

Capitolul 4

- Detectarea și interpretarea semnalelor subtile ale mișcărilor corpului.
- Cum putem să observăm și să interpretăm corect mișcările corpului altor persoane.
- Semnele de disconfort sau inconfort în limbajul subtil al mișcărilor corpului.
- Cum putem să ne antrenăm capacitatea de a citi și de a răspunde la semnalele nonverbale.

Detectarea și interpretarea semnalelor subtile ale mișcărilor corpului este un proces fascinant și complex prin care putem înțelege mai bine emoțiile, intențiile și starea unei persoane. Mișcările corpului sunt un mijloc important de comunicare și pot oferi informații valoroase despre starea de spirit a unei persoane sau despre ceea ce gândește în acel moment.

Oamenii au capacitatea de a detecta și interpreta aceste semnale subtile prin intermediul unor mecanisme precum empatia, observarea atentă și capacitatea de a citi limbajul corpului. De-a lungul evoluției, oamenii au dezvoltat abilitatea de a detecta chiar cele mai mici schimbări în mișcările corpului și de a le interpreta în mod adecvat.

Detectarea acestor semnale subtile poate fi utilă în mai multe contexte, precum comunicarea non-verbală, psihologie, medicină sau chiar în interacțiunile sociale de zi cu zi. În continuare, vom explora mai detaliat procesul de detectare și interpretare a semnalelor subtile ale mișcărilor corpului.

Detectarea semnalelor subtile ale mișcărilor corpului începe cu observarea atentă a gesturilor, poziției corpului, expresiilor faciale, tonului vocii și altor aspecte ale limbajului non-verbal. Acestea sunt toate elemente importante care pot oferi informații despre starea emoțională și mentală a unei persoane.

Pentru a detecta aceste semnale, este important să fii atent la detalii și să observi schimbările subtile în comportamentul unei persoane. De exemplu, o schimbare în expresia facială sau în postura corpului ar putea indica o schimbare în starea emoțională a acelei persoane.

Odată ce ai detectat aceste semnale subtile, următorul pas este interpretarea lor. Interpretarea semnalelor corpului poate fi mai provocatoare, deoarece acestea pot fi ambigue și pot fi influențate de mai mulți factori.

Pentru a interpreta corect aceste semnale, trebuie să ai în vedere contextul în care au apărut, istoricul persoanei sau alte informații relevante.

De exemplu, o persoană care își încrucișează brațele ar putea indica defensivitate sau disconfort, dar poate fi, de asemenea, doar un gest obișnuit al acelei persoane. Prin urmare, este important să fii atent nu doar la gesturile în sine, ci și la contextul în care apar și la alte semnale non-verbale care ar putea să le sprijine interpretarea.

Există mai multe tehnici și strategii pe care le poți folosi pentru a detecta și interpreta semnalele subtile ale mișcărilor corpului. Una dintre ele este empatia, capacitatea de a te conecta cu alte persoane și de a înțelege și simți ceea ce simt ele. Empatia te poate ajuta să detectezi mai ușor schimbările subtile în comportamentul și limbajul non-verbal al unei persoane.

O altă strategie eficientă este observarea atentă a gesturilor și a expresiilor faciale ale unei persoane. Prin observarea atentă a acestor aspecte ale limbajului corpului, poți detecta mai ușor semnalele subtile și să le interpretezi în mod corect.

 Este important să fii atent la detalii și să acorzi atenție micilor schimbări în comportamentul unei persoane.

În plus, poți folosi feedback-ul verbal și non-verbal pentru a-ți ajuta să interpretezi semnalele subtile. Dacă observi o schimbare în tonul vocii sau în expresia facială a cuiva, poți întreba despre starea lui emoțională sau despre ce gândește în acel moment. Acest feedback poate fi util pentru a confirma sau infirma interpretarea ta și pentru a clarifica semnalele subtile pe care le-ai detectat.

Pe lângă aceste strategii, există și unele tehnici specifice care pot fi folosite pentru a detecta și interpreta semnalele subtile ale mișcărilor corpului. De exemplu, analiza microexprimării faciale poate fi o tehnică eficientă pentru a detecta emoțiile subtile care nu sunt vizibile cu ochiul liber. Microexprimările sunt mici mișcări faciale care pot dezvălui emoțiile reale ale unei persoane, în ciuda eforturilor sale de a le ascunde.

O altă tehnică importantă este modelarea gesturilor și mișcărilor corpului. Modelarea implică imitarea gesturilor și a posturii corpului unei persoane pentru a-i transmite că ești conectat și că îi înțelegi sentimentele.

Această tehnică poate ajuta la îmbunătățirea comunicării non-verbale și la consolidarea relațiilor interpersonale.Pe lângă aceste strategii și tehnici, este important să fii conștient de limitele interpretării semnalelor subtile ale mișcărilor corpului. Interpretarea poate fi subiectivă și poate fi influențată de propriile noastre experiențe, preferințe și prejudecăți. De aceea, este important să fii conștient de aceste aspecte și să fii deschis la a considera mai multe perspective în interpretarea semnalelor.

Detectarea și interpretarea semnalelor subtile ale mișcărilor corpului este un proces complex și fascinant care poate oferi o multitudine de informații despre gândurile, emoțiile și starea unei persoane. Prin folosirea unor strategii și tehnici adecvate, putem înțelege mai bine limbajul non-verbal al celor din jur și să ne îmbunătățim abilitățile de comunicare și de relaționare interpersonale. Este important să fim atenți la detalii, să avem empatie și să fim deschiși la a considera mai multe perspective în interpretarea semnalelor subtile ale mișcărilor corpului.Putem dezvolta o mai mare înțelegere și conexiune cu cei din jur și să creăm relații mai autentice și mai pozitive.

Mișcările corpului unei persoane pot să ofere o mulțime de informații despre starea lor emoțională, gândurile lor și chiar despre intențiile lor. Este important să fim conștienți de acest aspect al comunicării non-verbale pentru a putea interacționa eficient cu ceilalți și pentru a ne ghida propriile acțiuni.

Pentru a observa și interpreta corect mișcările corpului altor persoane, trebuie să fim atenți la mai mulți factori. În primul rând, trebuie să ne uităm la poziția corpului lor. Poziția corpului poate să indice nivelul de confort sau incomoditate al unei persoane. Dacă cineva se așează sau stă într-o poziție relaxată, este posibil să fie deschis și confortabil în acea situație. Pe de altă parte, dacă cineva își încrucișează brațele sau își lasă umerii în jos, ar putea să fie defensiv sau nesigur.

În al doilea rând, trebuie să fim atenți la gesturile lor. Gesturile pot să ofere indicii despre emoțiile pe care le simt sau despre gândurile lor. Spre exemplu, dacă cineva își freacă ochii sau își lipsește mâinile, ar putea să fie stresat sau neliniștit. Pe de altă parte, dacă cineva zâmbește sau face gesturi deschise cu mâinile, ar putea să fie încrezător sau fericit.

În al treilea rând, trebuie să fim atenți la expresiile faciale ale celorlalți. Expresiile faciale pot să fie extrem de relevante în interpretarea emoțiilor unei persoane. De exemplu, dacă cineva își încruntă fruntea sau își strânge buzele, ar putea să fie supărat sau nemulțumit. Pe de altă parte, dacă cineva își deschide ochii largi sau zâmbește, ar putea să fie surprins sau fericit.

În al patrulea rând, trebuie să fim atenți la tonul vocii și la limbajul corporal al celorlalți. Tonul vocii poate să transmită multe emoții, de la bucurie sau entuziasm până la tristețe sau furie. De asemenea, limbajul corporal, cum ar fi contactul vizual sau orientarea corpului către noi sau departe de noi, poate să ne dea indicii despre atitudinea lor față de noi sau despre nivelul de interes pe care îl au în conversație.

În general, este important să fim conștienți de toate aceste aspecte ale comunicării non-verbale atunci când interacționăm cu ceilalți. Este de asemenea important să fim atenți și la contextul în care se desfășoară interacțiunea pentru a putea interpreta corect mișcările corpului altor persoane.

De exemplu, gesturile unei persoane ar putea
să aibă înțelesuri diferite în funcție de mediul
în care se află sau de persoanele cu care
interacționează.

O altă modalitate de a interpreta corect
mișcările corpului altor persoane este să fim
atenți la consistența sau inconsistența
gesturilor lor. Dacă gesturile, expresiile
faciale și tonul vocii unei persoane sunt
consistente și transmit același mesaj, este
probabil că acea persoană este sinceră și
emoțiile lor sunt autentice. Însă, dacă
gesturile, expresiile faciale și tonul vocii unei
persoane sunt inconsistente, ar trebui să fim
atenți și să analizăm mai în profunzime
motivele pentru care acea persoană nu este
congruentă în comunicarea lor non-verbală.
Poate fi util să fim conștienți de gesturile sau
mișcările corporale universale, care pot să
aibă aceleași semnificații în orice cultură sau
context. De exemplu, dresarea umerilor poate
să indice lipsa de interes sau îndoiala, iar
încrucișarea brațelor poate să indice
defensivitate sau respingere. Prin urmare,
este important să fim atenți la aceste gesturi
universal recunoscute pentru a putea
interpreta corect mișcările corpului altor
persoane.

De asemenea, putem să folosim empatia și abilitatea de a citi subtilitățile non-verbale pentru a dezvolta relații mai profunde și mai autentice cu ceilalți. Capacitatea noastră de a ne pune în locul celorlalți și de a înțelege emoțiile și gândurile lor ne poate ajuta să fim mai conectați emoțional și să creăm legături mai puternice cu cei din jurul nostru. Interpretarea corectă a mișcărilor corpului altor persoane este o abilitate importantă în comunicarea non-verbală. Prin observarea atentă a poziției corpului, gesturilor, expresiilor faciale, tonului vocii și limbajului corporal al celorlalți, putem să aflăm multe despre starea lor emoțională, gândurile lor și intențiile lor. Este important să fim conștienți de toate aceste aspecte ale comunicării non-verbale pentru a putea interacționa eficient cu ceilalți și pentru a ne ghida propriile acțiuni într-un mod empatic și autentic.

Mișcările corpului nu spun întotdeauna totul în mod clar, însă pot dezvălui multe lucruri despre starea noastră emoțională și mentală. Există anumite semne subtile pe care le putem observa în mișcările corpului altor persoane sau în ale noastre pentru a detecta disconfortul sau inconfortul pe care îl simt.

Unul dintre primele semne de disconfort poate fi reprezentat de tensionarea musculaturii. Atunci când cineva se simte inconfortabil sau stresat, este posibil să își contracte mușchii fără să își dea seama.

 - De exemplu, persoana ar putea să își încrunte fruntea sau să își strângă maxilarul, semnale care pot denota stres sau anxietate. În plus, poziția corpului poate deveni rigidă sau tensionată, iar gesturile pot deveni mai puțin fluide sau naturale.

Uneori, disconfortul poate fi exprimat și prin mișcări involuntare sau repetate.

 - De exemplu, persoana ar putea să își frece mâinile, să își atingă nasul sau să își șoptească între dinți. Aceste gesturi pot fi semne ale anxietății sau ale stresului și pot fi destul de evidente pentru cineva care știe să le interpreteze corect.

O altă modalitate prin care corpul poate exprima disconfortul este prin mimica facială. O persoană care se simte inconfortabil ar putea să aibă o expresie tensionată sau să își muște buza inferioară. De asemenea, incertitudinea sau nervozitatea pot fi reflectate într-o privire evitantă sau în frecvente schimbări ale expresiei faciale.

Nu trebuie să uităm nici de postura corpului, care poate scoate la iveală multe aspecte legate de starea de spirit a unei persoane.

– De exemplu, o persoană care se simte inconfortabil sau nesigură ar putea să îşi îndoaie umerii şi să îşi încrucişeze braţele în faţa pieptului, adoptând astfel o atitudine defensivă. De asemenea, evitarea contactului vizual sau îndepărtarea fizică de ceilalţi pot fi semne că persoana respectivă nu se simte în largul ei.

Ritmul respiraţiei poate fi un indicator important al disconfortului sau al stresului. Atunci când suntem tensionaţi sau nervoşi, respiraţia noastră tinde să devină mai rapidă sau mai superficială.Uneori putem observa şi clipirea excesivă a ochilor sau mişcări rapide ale pleoapelor, care pot fi semne că persoana respectivă se simte incomod sau îngrijorată. Este important să fim atenţi la aceste semne subtile ale disconfortului în mişcările corpului şi să încercăm să le interpretăm corect, deoarece ele ne pot ajuta să fim mai empatici şi mai atenţi faţă de ceilalţi. În acelaşi timp, este important să ne monitorizăm şi propriile noastre mişcări corpului pentru a identifica eventualele semnale de disconfort pe care le emitem.

A fi conștienți de aceste semne ne poate ajuta să gestionăm mai bine emoțiile și să ne îmbunătățim relațiile cu ceilalți.

Capacitatea de a citi și de a răspunde la semnalele nonverbale este extrem de importantă în comunicarea noastră de zi cu zi. Deși deseori acordăm mai multă atenție cuvintelor pe care le folosim, comunicarea nonverbală joacă un rol la fel de mare în exprimarea noastră. Gesturile, expresiile faciale, tonul vocii și postura corpului sunt doar câteva exemple de semnale nonverbale pe care le emitem și le recepționăm în timpul unei conversații. Prin înțelegerea acestor semnale și știind cum să le interpretăm corespunzător, putem îmbunătăți în mod semnificativ calitatea comunicării noastre și putem construi relații mai armonioase și mai solide cu cei din jurul nostru.

Înainte de a intra în detalii despre cum ne putem antrena capacitatea de a citi și de a răspunde la semnalele nonverbale, este important să înțelegem de ce este acest lucru atât de important. Comunicarea nonverbală reprezintă, de fapt, aproximativ 65-70% din totalul informațiilor pe care le transmitem în timpul unei conversații.

Acest lucru înseamnă că, chiar dacă suntem atenți la cuvintele pe care le folosim, este foarte posibil să transmitem mesaje diferite sau să nu fim înțeleși corect dacă nu acordăm atenție semnalelor nonverbale pe care le emitem.Un alt motiv pentru care este important să fim conștienți de semnalele nonverbale este că ele ne permit să citim emoțiile și intențiile celorlalți. Este mult mai ușor să identificăm dacă cineva se simte confortabil sau incomod într-o anumită situație sau dacă un mesaj este comunica în mod sincer sau ironic. Așadar, abilitatea de a citi și de a răspunde la semnalele nonverbale ne ajută să ne adaptăm mai bine la nevoile și la starea emoțională a celorlalți și să oferim un suport adecvat în relațiile noastre interpersonale.

Pentru a ne antrena capacitatea de a citi și de a răspunde la semnalele nonverbale, putem urmări câteva sugestii practice și exerciții care să ne ajute să dezvoltăm aceste abilități în mod eficient:

- Observă cu atenție gesturile și expresiile faciale ale celor din jur. Un prim pas important în învățarea de a citi semnalele nonverbale este să fim atenți la comportamentul celor din jurul nostru.

- Observă gesturile, mimica facială și postura corpului celorlalți în diverse situații și încearcă să identifici ce emoții sau intenții pot fi asociate acestor semnale.

De exemplu, o persoană care își încrucișează brațele poate transmite un mesaj de defensivitate sau de închidere emoțională, în timp ce o expresie facială zâmbitoare poate indica o stare de bună dispoziție sau de confort.

- Fii conștient de propriile tale semnale nonverbale. Pentru a putea interpreta corect semnalele nonverbale emise de ceilalți, este important să fim conștienți și de propriile gesturi și expresii faciale. Încearcă să observi cum reacționezi în diferite situații și ce semnale nonverbale emiți în acele momente.

Poate că anumite gesturi sau expresii pe care le folosești în mod inconștient pot fi interpretate greșit de către ceilalți, ceea ce poate duce la neînțelegeri în comunicare.

- Exersează empatia și compasiunea. Abilitatea de a citi semnalele nonverbale nu se rezumă doar la identificarea acestora, ci și la capacitatea noastră de a răspunde în mod adecvat la aceste semnale.

Prin exersarea empatiei și a compasiunii, putem înțelege mai bine emoțiile și nevoile celorlalți și putem oferi un suport adecvat în relațiile noastre. Încercă să îți pui în locul celorlalți și să îți imaginezi cum te-ai simți în situația lor, pentru a întări conexiunea emoțională și pentru a crea un climat de înțelegere și comunicare deschisă.

- Participă la cursuri sau workshop-uri de dezvoltare personală. Dacă îți dorești să îți îmbunătățești conștientizarea și abilitățile în citirea și răspunsul la semnalele nonverbale, poți participa la cursuri sau workshop-uri specializate în comunicare nonverbală.

Aici vei avea ocazia să înveți despre teoria și practica semnalelor nonverbale și să exersezi diverse tehnici și strategii pentru dezvoltarea acestor abilități.

- Exersează comunicarea nonverbală în diverse situații.

Pentru a deveni mai conștient și mai sigur în citirea și răspunsul la semnalele nonverbale, poți exersa aceste abilități în diverse situații de viață reală. Poți să te implici în conversații și interacțiuni cu colegii de muncă, prietenii sau familia și să îți testezi capacitatea de a interpreta și de a reacționa la semnalele nonverbale emise de aceștia. Cu cât practici mai mult, cu atât vei deveni mai priceput și mai intuitiv în înțelegerea și interpretarea semnalelor nonverbale.

Dezvoltarea capacității de a citi și de a răspunde la semnalele nonverbale este un proces continuu de învățare și exersare, care necesită atenție, răbdare și practică. Prin a fi conștienți de semnalele nonverbale pe care le emitem și le recepționăm în timpul unei conversații, putem îmbunătăți calitatea comunicării noastre și putem construi relații mai autentice și mai armonioase cu cei din jurul nostru. Nu uitați că comunicarea nonverbală este la fel de importantă ca și comunicarea verbală și că abilitatea de a citi și de a răspunde la semnalele nonverbale poate face diferența în succesul relațiilor noastre interpersonale.

"Limbajul corpului este un limbaj universal, înțeles de toată lumea, indiferent de limba pe care o vorbesc." - Paulo Coelho

Capitolul 5

- Exerciții practice pentru dezvoltarea capacității de comunicare nonverbală.
- Tehnici de îmbunătățire a expresivității și a clarității mișcărilor corpului.

Comunicarea nonverbală este extrem de importantă în relațiile interpersonale și în interacțiunea cu cei din jurul nostru. Această formă de comunicare include gesturi, expresii faciale, postură, tonalitatea vocii și alte semnale nonverbale pe care le emitim în mod inconștient.

Există mai multe exerciții practice pe care le poți face pentru a îți dezvolta capacitatea de a comunica nonverbal și pentru a înțelege mai bine semnalele pe care le emit alte persoane.

Iată câteva exemple:

- Observarea limbajului corpului.

Un exercițiu eficient pentru dezvoltarea capacității de comunicare nonverbală este observarea atentă a limbajului corpului. Acest lucru înseamnă să fii conștient de gesturile, postura și expresiile faciale ale celor din jur.

Pentru a exersa această abilitate, poți petrece câteva momente observându-i pe cei din jur și încercând să citești ce își exprimă aceștia prin limbajul lor corporal.

De exemplu, dacă cineva își încrucișează brațele în timp ce vorbește cu tine, ar putea fi semn că se simte defensiv sau neatent. Sau dacă cineva își așează mâinile pe șolduri și își ridică sprâncenele în timp ce ascultă, acest lucru ar putea indica faptul că este interesat sau curios de ceea ce spui.

- Practicarea expresiilor faciale.

Expresiile faciale sunt o componentă importantă a comunicării nonverbale, deoarece pot transmite emoții și intenții fără a fi nevoie să vorbim. Pentru a-ți dezvolta abilitatea de a citi și interpreta expresiile faciale, poți practica recunoașterea diferitelor emoții precum bucuria, tristețea, furia sau surprinderea.

- Poți încerca să te uiți la fotografii sau videoclipuri cu o varietate de expresii faciale și să încerci să identifici emoția transmisă de fiecare. De asemenea, poți folosi un mirror pentru a exersa propriile tale expresii faciale și pentru a observa cum arată atunci când ești fericit, trist sau nervos.

- Exersarea contactului vizual.

Contactul vizual este un alt aspect important al comunicării nonverbale, deoarece poate indica nivelul de atenție, încredere sau respect pe care îl acordăm celui cu care interacționăm. Pentru a exersa această abilitate, poți încerca să menții contactul vizual cu interlocutorul tău în timpul unei conversații.

Poți încerca să îți păstrezi privirea fixată pe ochii celuilalt pentru o perioadă scurtă de timp, apoi să faci o pauză și să reiei contactul vizual. Este important să nu exagerezi cu acest lucru, deoarece prea mult contact vizual poate fi considerat intimidant sau agresiv.

- Practicarea posturii corecte.

Postura ta poate transmite multe mesaje despre nivelul tău de încredere, disponibilitate sau autoritate. Pentru a-ți îmbunătăți postura și a transmite un mesaj pozitiv în timpul interacțiunilor cu ceilalți, poți exersa adoptarea unei poziții erecte, cu umerii relaxați și spatele drept.

Poți exersa această poziție în timp ce stai sau mergi, încercând să fii conștient de alinierea corpului tău și de modul în care te simți atunci când îți menții o postură corectă.

- Exersarea gesturilor nonverbale. Gesturile nonverbale precum mânuirea mâinilor, mișcarea capului sau întoarcerea corpului pot influența modul în care ceilalți te percep și pot transmite diferite mesaje în timpul unei conversații. Pentru a exersa această abilitate, poți să te observi în mișcare și să îți dai seama cum gesturile tale pot influența modul în care ești perceput de ceilalți.

De exemplu, când ești întâmpinat de cineva și îți întinzi mâna pentru a-i saluta, este important să ai un zâmbet pe față și să faci contact vizual pentru a transmite că ești deschis la interacțiune. Sau în timpul unei conversații, poți folosi gesturi cu mâinile pentru a punctua sau a sublinia anumite idei.

- Exersarea intonației și a prosodică vocală. Intonația și prosodia vocală sunt elemente importante ale comunicării nonverbale care pot influența modul în care mesajul tău este perceput de ceilalți. Pentru a-ți îmbunătăți aceste abilități, poți exersa modul în care îți ajustezi tonul, ritmul și volumul vocii tale în timpul unei conversații.

- Poți practica diferite tonalități și forme de intonație pentru a transmite emoții sau pentru a sublinia anumite idei.

De exemplu, poți să îți cobori vocea pentru a transmite tristețe sau să o ridici pentru a transmite entuziasm. De asemenea, poți să îți reglezi ritmul vorbirii pentru a sublinia importanța anumitor cuvinte sau fraze.

- Exersarea spațiului personal și a tactilizării.

Spațiul personal și tactilizarea sunt aspecte importante ale comunicării nonverbale care pot influența nivelul de confort și de înțelegere în timpul unei interacțiuni. Pentru a exersa aceste abilități, poți fi conștient de distanța pe care o menții față de ceilalți și de modul în care îți folosești atingerile în timpul interacțiunilor.

- Este important să respecți spațiul personal al celor din jur și să îți ajustezi distanța în funcție de contextul și relația pe care o ai cu aceștia.

De asemenea, poți exersa tactilizarea prin simpla atingere a umărului sau a mâinii cuiva în timpul unei conversații pentru a transmite empatie sau sprijin.

- Exersarea expresiilor faciale și a gesturilor într-o oglindă.

Un exercițiu util pentru dezvoltarea capacității de comunicare nonverbale este să exersezi expresiile faciale și gesturile într-o oglindă.

Acest lucru îți va permite să-ți observi și să-ți ajustezi limbajul corpului pentru a transmite mai eficient mesajele dorite.

- Poți încerca să exersezi diferite expresii faciale precum zâmbetul, încruntarea sau ridicarea sprâncenelor și să observi cum arată acestea în oglindă.

De asemenea, poți să exersezi gesturi nonverbale precum mânuirea mâinilor sau mișcarea capului și să te asiguri că acestea sunt congruente cu mesajul tu verbal și emoțional.

- Interacțiunea în grupuri mici.

Interacțiunea în grupuri mici este o modalitate eficientă de a exersa comunicarea nonverbală, deoarece îți oferă oportunitatea de a observa și de a te adapta la diferite limbaje ale corpului și gesturi nonverbale ale celorlalți membri ai grupului. Poți să participi la activități de echipă sau de colaborare care implică interacțiunea și cooperarea cu ceilalți pentru a-ți dezvolta abilitățile de comunicare nonverbală.

- În timpul interacțiunilor în grupuri mici, poți fi conștient de limbajul corpului și gesturile celorlalți membri ai grupului și încerca să-ți ajustezi propria comunicare nonverbală pentru a te adapta la aceștia.

De exemplu, poți să-ți ajustezi poziția corpului sau gesturile în funcție de reacțiile și de interacțiunile cu ceilalți din grup.

Exprimarea prin mișcări corpului reprezintă una dintre cele mai puternice modalități de comunicare nonverbală. Mișcările corpului pot transmite emoții, intenții, stări de spirit, iar o expresivitate și claritate bine dezvoltate pot face din orice prezentare sau interacțiune o experiență memorabilă. În continuare, vom explora 10 tehnici care te vor ajuta să îți îmbunătățești expresivitatea și claritatea mișcărilor corpului.

- Postura corectă.

Primul pas în îmbunătățirea expresivității și clarității mișcărilor corpului este adoptarea unei posturi corecte. O postură dreaptă, cu spatele drept și umerii coborâți îți va oferi un aspect încrezător și atrăgător. Atunci când vorbim despre postură, este important să fii atent la alinierea corpului, astfel încât să nu existe nicio tensiune sau disconfort. O postură corectă te va ajuta să îți exprimi mai bine emoțiile și gândurile în mod natural, fără a te bloca sau a transmite stări de nesiguranță.

-

De exemplu, atunci când prezinți o idee sau un proiect, stai drept, cu umerii relaxați și fii atent la alinierea corpului tău. Această postură te va ajuta să te simți mai încrezător și să transmiți mesajul tău într-un mod mai clar și mai expresiv.

- Mișcările fluide.

Pentru a îmbunătăți expresivitatea mișcărilor tale, este important să ai mișcări fluide și armonioase. Evită să faci mișcări bruște sau sacadate, deoarece acestea pot transmite stări de nervozitate sau confuzie. Încearcă să îți controlezi mișcările astfel încât să fie fluide și să acompanieze cu naturalețe cuvintele pe care le rostești.

De exemplu, atunci când vrei să accentuezi un punct important în discursul tău, poți să faci o mișcare amplă cu mâinile sau să folosești întregul corp pentru a pune în evidență acel aspect. Mișcările fluide și bine coordonate te vor ajuta să fii mai expresiv și să transmiți mesajul tău într-un mod mai captivant.

- Utilizarea gesturilor.

Gesturile sunt un element important în comunicarea nonverbală și pot spori semnificativ expresivitatea și claritatea mișcărilor corpului. Gesturile pot să completeze și să amplifice mesajul tău, aducându-i o nouă dimensiune și claritate. Este important să folosești gesturile în mod echilibrat și să le adaptezi mesajului pe care vrei să îl transmiți.

De exemplu, atunci când vrei să subliniezi o idee sau un concept, poți să faci gesturi ample cu mâinile sau să folosești gesturi care să reflecte semnificația cuvintelor tale. Gesturile nu trebuie să fie exagerate sau repetitive, ci să fie folosite în mod ponderat pentru a sprijini mesajul tău și a aduce un plus de expresivitate mișcărilor tale.

- Expresivitatea feței.

Fețele noastre sunt oglinda emoțiilor noastre și pot transmite multe informații prin mimica și expresiile faciale. Pentru a îți îmbunătăți expresivitatea mișcărilor corpului, este important să acorzi atenție expresiei feței tale și să îți controlezi mimica pentru a transmite emoțiile potrivite în funcție de context.

De exemplu, atunci când ești fericit sau mulțumit de ceva, zâmbetul îți va lumina întreaga față și acest lucru va fi reflectat în întreaga ta prezență. În schimb, atunci când ești supărat sau dezamăgit, expresia ta va fi mai severă și vei transmite aceste emoții prin întreaga ta atitudine. Controlul expresiei feței îți va ajuta să fii mai expresiv și să transmiți mesajul tău într-un mod mai convingător.

- Coordonarea mișcărilor.

Coordonarea mișcărilor corpului este esențială pentru a avea o exprimare clară și coerentă. Este important să acorzi atenție modului în care îți folosești întregul corp pentru a comunica, iar coordonarea mișcărilor tale va contribui semnificativ la claritate și expresivitate.

De exemplu, atunci când faci o prezentare, asigură-te că mișcările mâinilor, umerilor și ale corpului tău sunt sincronizate și contribuie la sublinierea punctelor cheie ale discursului tău. O coordonare bună a mișcărilor corpului îți va permite să fii mai expresiv și să transmiți mesajul tău într-un mod mai clar și mai captivant.

- Ritmul mișcărilor.

Ritmul mișcărilor tale are un impact semnificativ asupra modului în care mesajul tău este receptat de către audiență. Un ritm echilibrat și bine gestionat poate să sporească expresivitatea și claritatea mișcărilor tale, oferindu-le un cadru coerent și armonios. De exemplu, atunci când vrei să transmiți un mesaj important sau să accentuezi un anumit aspect, poți să îți ajustezi ritmul mișcărilor pentru a sublinia importanța acestui aspect. Ritmul mișcărilor tale poate să aducă o nouă dimensiune exprimării tale și să sporească claritatea mesajului tău.

- Variația mișcărilor.

Variația mișcărilor corpului este esențială pentru a menține atenția audienței și pentru a păstra un nivel optim de interes pe durata unei prezentări sau comunicări. Este important să ai o variație în mișcările tale, astfel încât să nu devii monoton sau previzibil.

De exemplu, îți poți varia gesturile, pozițiile corpului sau direcțiile mișcărilor pentru a menține audiența captivată și interesată de mesajul tău. Variația mișcărilor tale te va ajuta să fii mai expresiv și să aduci dinamică în exprimarea ta, atrăgând atenția și creând un impact puternic.

- Adaptabilitatea mișcărilor.

Adaptabilitatea mișcărilor tale este esențială în comunicarea nonverbală, deoarece te ajută să te adaptezi la diferite situații și contexte. Este important să îți poți ajusta mișcările în funcție de interlocutorul tău, de mesajul pe care vrei să îl transmiți sau de mediul în care te afli.

De exemplu, atunci când comunici cu un grup de oameni, este important să îți ajustezi mișcările și gesturile pentru a fi vizibil și pentru a atrage atenția tuturor participanților. Adaptabilitatea mișcărilor tale te va ajuta să fii mai expresiv și să te faci înțeles în mod eficient în diverse situații.

- Practica și feedback-ul.

Pentru a îți îmbunătăți exprimarea și claritatea mișcărilor corpului, este important să practici în mod regulat și să ceri feedback de la colegii sau prietenii tăi. Experimentează diferite tipuri de mișcări, gesturi și expresii faciale și observă cum sunt receptate de către cei din jurul tău.

De exemplu, poți să înregistrezi o prezentare și să analizezi mișcările tale corpului, gesturile și expresiile faciale pentru a identifica punctele tari și ce aspecte mai poți îmbunătăți.

Feedback-ul de la cei din jurul tău te va ajuta să obții o perspectivă externă asupra mișcărilor tale și să îți îmbunătățești exprimarea în mod continuu.

- Încrederea în sine.

Ultima, dar nu cea din urmă, tehnica pentru îmbunătățirea expresivității și clarității mișcărilor corpului este încrederea în sine. Atitudinea și starea ta de spirit au un impact major asupra mișcărilor tale corpului, iar încrederea în sine te va ajuta să fii mai expresiv și să îți transmiți mesajul în mod clar și convingător.

De exemplu, atunci când ai încredere în tine și în abilitățile tale, te vei exprima cu mai multă siguranță și determinare, iar aceste aspecte se vor reflecta în mișcările tale corpului. Încrederea în sine te va ajuta să fii mai expresiv și să te faci înțeles în mod eficient, transmitând un mesaj puternic și captivant.

Exprimarea prin mișcările corpului este un element esențial în comunicare și poate să sporească semnificativ claritatea și impactul mesajului tău.

Prin adoptarea unor tehnici precum postura corectă, mișcările fluide, utilizarea gesturilor sau exprimarea feței, poți să îți îmbunătățești expresivitatea și claritatea mișcărilor tale corpului, atrăgând atenția și transmițând mesajul tău într-un mod captivant și eficient. Practică și experiența vor fi aliații tăi în dezvoltarea acestei abilități esențiale în comunicare.

"Limbajul corpului este limbajul universal al oamenilor, prin intermediul căruia comunicăm fără cuvinte."